AF494228

UN MOT ENCORE

SUR LA

SCANDALEUSE AFFAIRE DES ANONYMES

EN RÉPONSE

AU FACTUM PUBLIÉ LE 30 JUILLET 1886

Avec l'entête : ÉVÊCHÉ DE METZ

ET

Sous la signature : LE VICARIAT GÉNÉRAL

PAR

LA VICTIME DE CET ODIEUX SCANDALE

NANCY
IMPRIMERIE PAUL SORDOILLET
Rue Saint-Dizier, 51

1886

UN MOT ENCORE

SUR LA

SCANDALEUSE AFFAIRE DES ANONYMES

EN RÉPONSE

AU FACTUM PUBLIÉ LE 30 JUILLET 1886.

L'auteur de ce singulier factum soutient toujours comme précédemment que M. le chanoine Th. est coupable d'avoir écrit les anonymes que l'on sait et que la décision de la S. Congrégation du Concile, du 12 juillet 1884, ne prouve absolument rien en faveur de son innocence.

Cette obstination à accuser ainsi M. le Chanoine, envers et contre tous, n'est ni plus ni moins qu'une nécessité de la fausse situation de M. le vicaire général W. qui, après l'échec subi par lui devant toutes les juridictions ecclésiastiques et laïques, veut néanmoins conserver les apparences du grand justicier méconnu et incompris.

En publiant votre factum et en y reproduisant à nouveau vos odieuses insinuations, déjà tant de fois réfutées, vous avez commis, monsieur le Vicaire général, tout à la fois, une diffamation calomnieuse et une hérésie de droit.

Une diffamation calomnieuse ; car votre but évident est toujours de rendre M. le chanoine Th. méprisable, de l'abaisser dans l'opinion publique, en lui attribuant des faits que vous, vicaire général, vous avez été dans l'impossibilité absolue d'établir, malgré les puissants moyens d'action dont vous avez toujours disposé et si étrangement abusé dans cette scandaleuse affaire. Que d'efforts en effet de toute nature inavoués et inavouables, dans lesquels vous avez été évidemment enhardi par l'impunité complète dont vous n'avez jamais cessé de jouir, depuis la plainte en diffamation que vous avez vous-même déposée au Parquet civil, malgré les peines canoniques les plus sévères et que vous avez attribuée aussitôt à M. le Chanoine avec une rare désinvolture.

Il est certain, que dans la situation, M. le Chanoine est en droit de traduire son calomniateur devant la police correctionnelle ; mais il ne pourrait recourir à ce moyen, sans une autorisation, qui lui serait tout aussi certainement refusée que celle qu'on lui reproche avec naïveté de n'avoir pas demandée, pour la publication de sa brochure.

Une hérésie de droit. — M. le Vicaire général sait mieux que personne, que le jugement du Tribunal ecclésiastique de Metz déclare en termes exprès M. le chanoine Th. l'auteur des anonymes et le condamne en conséquence. Or, la décision de la S. Congrégation, du 12 juillet 1884, annule en son entier ledit jugement, dispositif et motifs, puisqu'à la question posée, la Congrégation répond sans restriction aucune, que la sentence doit être infirmée et condamne l'Evêché de Metz à tous dommages-intérêts envers M. le Chanoine. Comprendrait-on cette dernière condamnation si la Congrégation, présidée par le cardinal Nina, avait été convaincue de la culpabilité du Chanoine ?

Donc, la déclaration prononcée dans le jugement du 20 juillet 1883, *que M. le Chanoine est l'auteur des anonymes*, n'existe plus depuis le 12 juillet 1884.

Donc aussi depuis le même jour, vous, vos amis et vos protégés du Grand Séminaire et de la Maîtrise, vous n'avez plus le droit de le déclarer coupable et encore moins de plaisanter, avec l'esprit qui vous distingue, sur la victime de la scandaleuse affaire.

C'est en vain, monsieur le Vicaire général, que vous reprochez à la publication de M. le Chanoine, d'être remplie d'allégations fausses et d'imputations injurieuses. C'est en vain qu'invoquant un faux sentiment de dignité outragée, vous prétendez n'avoir plus à rompre le silence à ce sujet.

Prêtres et laïques étaient unanimes à féliciter M. le Chanoine de la modération de son langage en face de tant de boue que vous, monsieur le Vicaire général, qui l'accusez aujourd'hui de vous insulter, vous n'avez cessé de lui jeter depuis cinq ans ; unanimes à déclarer sa publication irréprochable à tous égards, fondée sur le droit de la légitime défense, nécessaire pour éclairer le public, irréfutable et sans réplique. Prêtres et fidèles savent également si, par sa publication, M. le Chanoine ne vous a pas couvert de confusion et réduit entièrement à néant votre brochure bleue dans laquelle (encore bien qu'elle eût paru dix-huit mois auparavant), il vous semble avoir été *suffisamment* répondu à M. l'abbé

Th. et que, *pour ce motif et plus encore par un sentiment de dignité*, il ne saurait plus être question de rompre le silence à ce sujet.

Cette déclaration, monsieur le Vicaire général, est, de votre part, l'aveu complet que vous ne pouvez pas répondre, et que vous cherchez à abriter cette impuissance derrière un *sentiment de dignité.*

Le fait est que la brochure de M. le Chanoine est un exposé très fidèle de ce qui s'est passé à Metz et à Rome, avec pièces toujours citées à l'appui, et que, dans cet exposé, il n'y a d'injures contre personne, mais par contre une foule de choses toutes aussi bien prouvées que pénibles à entendre et humiliantes pour l'accusation.

C'est en vain, monsieur le Vicaire général, que vous essayez de contester l'authenticité des paroles du cardinal Nina, citées par M. le chanoine Th. à la première page de sa brochure, et que vous les qualifiez de *détails inédits, intéressés, étranges, attribués à un Cardinal décédé.*

D'abord, ces paroles ont été entendues non seulement par M. Th. mais encore par ses deux défenseurs qui, étant à ses côtés chez son Eminence, peuvent comme lui en attester l'exactitude. Elles n'étaient d'ailleurs nullement restées *inédites*, comme il vous plaît de l'affirmer, attendu qu'aussitôt après son retour de Rome, alors qu'il n'avait certainement pas prévu qu'il serait encore réduit, deux ans plus tard, à publier une brochure pour confondre ses calomniateurs, M. le Chanoine a bien des fois rapporté ces mêmes paroles, plus particulièrement à des ecclésiastiques qui étaient venus le féliciter à l'époque de la retraite sacerdotale de 1884 et ne refuseraient certainement pas de l'attester aussi, le cas échéant.

Elles n'étaient pas plus intéressées qu'inédites ; car M. le Chanoine qui la veille venait d'être informé de son triomphe complet et définitif, remporté devant la S. Congrégation, n'avait nullement besoin de les entendre et ne les avait certainement pas provoquées, pas plus que l'audience elle-même; il n'y voyait qu'un témoignage d'intérêt et de sages conseils donnés à un vieillard, odieusement frappé par une sentence inique, déclarée exécutoire nonobstant tout appel, et scandaleusement maintenue, avec cette clause arbitraire, malgré quatre rescrits pontificaux successifs, plus impératifs l'un que l'autres. Qu'y a-t-il donc en pareille situation de si étrange dans les paroles du cardinal à M. le Chanoine? Et pourquoi alors dites-vous, ce qui n'est pas, que le préfet de la Congrégation aurait félicité M. le Chanoine de son triomphe sur son évêque? Le cardinal Nina savait parfaitement que le Prélat avait été induit en erreur, et que c'est vous, monsieur le Vicaire général, et votre petit entourage si connu, qui avez entamé et poursuivi, avec l'acharnement que l'on sait, la scandaleuse affaire des anonymes.

C'est en vain, monsieur le Vicaire général, que vous opposez aux paroles, adressées par le cardinal Nina au chanoine Th., aussitôt après la sentence, celles attribuées cinq mois plus tard au même cardinal dans un entretien avec Mgr de Sion, dans les termes suivants : « *Personnellement, je suis convaincu de la culpabilité du Chanoine.* »

En admettant même, sans l'accorder, que ces mots aient été réellement prononcés, ils n'auraient encore aucune importance, le Cardinal n'ayant, de son propre aveu, exprimé que son opinion personnelle ; tandis qu'en disant à M. le Chanoine que la Congrégation était convaincue de son innocence, il parlait évidemment au nom de cette dernière, composée de vingt et quelques cardinaux.

Mais M. le Chanoine, qui est ici certainement le premier à regretter le décès du cardinal, se croit autorisé à révoquer en doute le propos rapporté ci-dessus ; d'abord, parce qu'un ecclésiastique, qui dès les premiers mois de 1885 lui rendit compte de la lettre adressée le 9 décembre 1884 par le Coadjuteur à Mgr l'Évêque, et dont on lui avait communiqué une copie, n'a pas dit un mot de la conviction personnelle du cardinal, détail qu'il n'aurait certainement pas passé sous silence, s'il s'était trouvé dans la copie et ensuite, parce qu'il résulte des informations de M. le Chanoine, toujours très exactes et confirmées encore dans ces derniers temps, qu'à Mgr le Coadjuteur aussi bien que précédemment au cardinal archevêque de Paris et à tous les pèlerins *ad limina*, qui, depuis les voyages d'un certain dominicain, avaient été chargés de plaider votre cause, il a toujours été invariablement répondu, dans les termes suivants ou d'autres semblables : *Prouvez que le chanoine est coupable et on le condamnera. Mais dans l'état actuel, la sentence, rendue en sa faveur, doit recevoir son entière exécution. Il se peut que le chanoine soit coupable; mais vous ne le prouvez pas.* Chacun en effet peut être le coupable, et c'est précisément pour cela qu'il faut prouver la culpabilité. *Le procès étant fait en matière criminelle, il faut des preuves certaines et vous n'avez que des présomptions, des indices, qui ne suffisent plus en pareil cas.*

Et encore les paroles du Saint-Père, déclarant au Coadjuteur (voir sa lettre du 3 décembre 1884) que son cœur avait été fort attristé des derniers faits et des peines que Mgr l'Évêque avait dû en ressentir, comme aussi des paroles du cardinal Nina, s'exprimant en ces termes : « Tous nous avons été profondément affligés de l'issue de cette affaire, mais nous ne pouvions juger autrement. »

Compliments de condoléance, parfaitement bien placés à l'adresse de Mgr l'Évêque, si cruellement éprouvé dans ses derniers jours, par ce procès aussi insensé que scandaleux, et qui n'aurait certainement jamais eu lieu, monsieur le Vicaire général, sans votre pernicieuse influence.

Toutes les déclarations ci-dessus, qui autrement ne s'expliqueraient pas, constatent contre vous, monsieur le Vicaire général, qu'en dehors des causes criminelles, les Congrégations romaines admettent, tout aussi bien que les tribunaux civils, les preuves de présomption si elles ont quelque valeur ; — que vos députés, successivement envoyés au Vatican et à la Congrégation du Concile, avaient tous pour mission de faire partager en haut lieu votre prétendue conviction personnelle de la culpabilité du chanoine ; que la décision du 12 juillet 1884, rendue en sa faveur, sans aucune restriction, a une portée beaucoup plus grande que vous ne voulez le reconnaître, et que par conséquent, vous et votre camarilla que l'on sait, vous êtes obligés de vous soumettre avec tout le respect dû au Saint-Siège, en admettant même que le cardinal ait réellement prononcé les paroles qu'on lui prête et qui, ainsi prononcées dans un tête-à-tête, à huis clos, cinq mois après le congrès du 12 juillet, n'ont absolument aucune valeur en présence d'une sentence juridique solennelle et définitive, et ne peuvent être considérés dans la circonstance que comme une consolation donnée à des gens si profondément humiliés, malheureux d'avoir succombé dans cette scandaleuse affaire.

C'est encore en vain, monsieur le Vicaire général, que vous prétendez, d'un ton magistral, faire ressortir *clairement* de vos informations, comme d'ailleurs du texte même de la décision du 12 juillet 1884, que cette décision infirme *simplement* la sentence de la curie de Metz et que la S. Congrégation du Concile n'a jamais déclaré que le chanoine Th. n'était pas coupable des crimes et délits mis à sa charge, ainsi qu'il l'affirme faussement dans sa brochure.

Comment, monsieur le Vicaire général, cela ressort clairement de vos informations ? M. le chanoine Th. vient cependant de montrer ce que valent ces prétendues informations. Et cela ressort aussi clairement, dites-vous, du texte même de la décision du 12 juillet 1884, qui déclarait *simplement* la sentence de Metz infirmée. Vous voulez établir une différence entre une sentence *simplement infirmée* et une sentence *annulée*. Il n'y en a pas, monsieur le Vicaire général, et vous ne pouvez guère l'ignorer ; car *infirmare*, infirmer, terme de jurisprudence, signifie *casser, annuler,* et n'a pas même d'autre sens au cas particulier. Voyez les dictionnaires latins, français, allemands et vous trouverez partout : infirmer un acte, un testament, une sentence ; casser, annuler l'acte, le testament, la sentence. Vous ne devez pas ignorer non plus que les Congrégations romaines sont des Tribunaux d'appel en dernier ressort, et qu'ils ont, comme tels, invariablement à répondre à cette question, toujours libellée dans les mêmes termes : la sentence doit-elle être confirmée ou infirmée ? Dans le premier cas, elles maintiennent, confirment certainement la sentence de condamnation dans son entier ; et, dans le second cas, elles cassent, annulent tout aussi certainement en son entier la même sentence de condamnation, remettant par le fait l'accusé dans sa situation antérieure où il avait tout aussi certainement le droit de se dire innocent.

Dans la scandaleuse affaire des anonymes en particulier, la sentence du tribunal diocésain dont appel déclare formellement M. le chanoine Th. l'auteur de ces anonymes et le condamne en conséquence. Il est donc évident que la S. Congrégation du Concile, en annulant cette sentence, tout aussi formellement et sans restriction aucune, a par le fait aussi reconnu sans aucune restriction que M. le chanoine Th. n'est pas l'auteur des anonymes, que par conséquent il est innocent, réhabilité, et a le droit de le déclarer tout haut, comme le cardinal l'en a prévenu lui-même, le lendemain de la décision définitive. Du reste M. le Chanoine a certainement le même droit de se déclarer innocent, réhabilité, que tous les appelants qui ont triomphé en Cour de Rome et même plus que beaucoup d'entre eux, puisqu'à côté de l'annulation du verdict de Metz, la S. Congrégation vous a condamné en outre, monsieur le Vicaire général, aux dommages-intérêts, évidemment à cause du tort fait à M. le Chanoine, dans son honneur et sa réputation par ce même verdict, déclaré exécutoire nonobstant tout appel ; condamnation qui, d'après ce qui lui a été affirmé à la Congrégation même, n'avait pas été prononcée contre un évêché depuis 1852 et ne l'est jamais, à moins qu'il n'ait été prouvé qu'il y a eu de sa part *dolus*, dol, mauvaise foi.

Voilà la situation, monsieur le Vicaire général, et vous n'y changerez plus rien, malgré la haute autorité attachée à vos déclarations, malgré toutes les arguties auxquelles vous avez recours, malgré tout ce que vous prétendez faire ressortir clairement, à la fois du texte même de la sentence, de vos prétendues informations et du propos si inoffensif, prêté au cardinal, cinq mois après la sentence. Cette situation se résume en deux mots : vous avez été condamné ; M. le Chanoine a été acquitté.

Mon Dieu, monsieur le Vicaire général, tout le monde sait, sans vous en plaindre du reste, que vous vous trouvez dans une très fausse position. C'est à vous de vous en tirer comme vous pourrez ; mais de grâce, faites le honnêtement et sans vouloir maintenir indéfiniment au pilori un innocent pour ne pas passer vous-même pour un grand coupable.

C'est en vain, monsieur le Vicaire général, que, vous appuyant toujours sur vos prétendues informations, vous essayez d'établir une différence radicale entre les Tribunaux ecclésiastiques de Rome et les Tribunaux laïques, parce que ces derniers seraient, le cas échéant, autorisés à recourir à toutes mesures rigoureuses, telles qu'arrestations préventives, perquisitions domiciliaires et auraient encore le droit de condamner sur de simples présomptions, même si ces mesures multiples n'avaient révélé aucune charge contre l'accusé ; tandis que les Tribunaux ecclésiastiques, privés de ces puissants moyens d'instruction, ne pourraient pas même condamner un accusé que dans leur conscience ils reconnaîtraient coupable, alors même qu'ils déclareraient à l'unanimité leur conviction inébranlable, fondée sur de graves indices et les plus fortes présomptions, comme c'était le cas dans l'affaire Th.

Comment, monsieur le Vicaire général, c'était là le cas dans l'affaire Th.? Vos juges à l'unanimité auraient déclaré leur conviction inébranlable, et fondée sur de graves indices et les plus fortes présomptions? Mais, et ce n'est plus aujourd'hui un mystère dans le clergé, il y a eu de vos juges et d'autres encore, gravement compromis par leur complaisance, qui, surtout dans leurs derniers jours, ont parlé à plusieurs ecclésiastiques avec tristesse et amertume de ce malheureux procès, qu'ils déclaraient être la cause de leur mort. L'un d'eux répondit à un confrère, en ces termes: Non, M. Th. n'est pas plus coupable qu'un autre. Il a peut-être seulement dit, dans l'occasion, un peu plus haut, ce que tout le monde disait plus bas de certains intrigants bien connus.

Du reste, toutes les personnes honnêtes et impartiales, prêtres et laïques, aujourd'hui parfaitement au courant de la situation, se demandent avec indignation comment vous, vicaire général, vous avez pu vous permettre, vous établissant juge dans votre propre cause, d'accuser, de condamner et d'exécuter avec tant d'esclandre, un prêtre, un vieillard, sur vos prétendus indices, qui partout ne sont accueillis qu'avec des haussements d'épaules? Et cependant vous parlez toujours, avec la même assurance qu'aux premiers jours, de *convictions unanimes, inébranlables, fondées sur de graves indices, sur les plus fortes présomptions!*

Comment, monsieur le Vicaire général, d'après des principes adoptés, les Tribunaux romains ne pourraient pas condamner un accusé, alors même que les juges, à l'unanimité, seraient convaincus de sa culpabilité ? Ce que vous dites là est tellement odieux que c'est impossible par le fait. Non, Monsieur, il ne peut exister, et moins encore dans l'Église que partout ailleurs, des juges, ayant à remplir un tel rôle contre leur conscience et leur conviction ; car ce serait immoral. Mais on trouve quelquefois des juges qui se trompent, ou que l'on trompe, et c'est précisément pour ce motif que l'on a établi partout des Tribunaux d'appel.

Vous n'avez vraiment pas été heureusement inspiré, dans votre comparaison entre les Tribunaux laïques et les Tribunaux ecclésiastiques. Avez-vous donc oublié que la Chambre correctionnelle de Metz, devant laquelle vous avez vous-même d'abord introduit la cause, et qui est certainement un de ces Tribunaux laïques, pouvant, selon vous, prononcer le cas échéant, les peines les plus sévères, même en l'absence de preuves certaines et sur de simples indices ; avez-vous donc oublié que ce Tribunal a, *pour défaut de preuves*, le 17 mars 1883, mis M. le chanoine Th. hors de cause et ordonné la cessation des poursuites, prenant pour ce qu'elles valent, comme plus tard la S. Congrégation du Concile, vos prétendus graves indices et présomptions qui, dès la première heure, avaient si violemment entraîné votre conviction et celle de votre complaisant entourage ?

C'est en vain, monsieur le Vicaire général, que

ne voulant pas vous tenir encore pour battu, vous cherchez à attribuer votre défaite en Cour de Rome à l'absence de preuves matérielles. C'est, ajoutez-vous avec quelque naïveté, parce que les preuves matérielles faisaient défaut, que la sentence de condamnation a été réformée ?

Et d'abord, vous n'avez pas le droit, monsieur le Vicaire général, de rechercher les motifs qui ont guidé les juges dans leur sentence, et encore moins le droit d'affirmer que telles considérations, plutôt que telles autres, ont influé sur leur décision. Qu'en savez-vous ?

Vous êtes-vous donc abouché avec chacun des membres de la S. Congrégation ?

Vous auriez même eu l'occasion de poser à tous individuellement ces questions indiscrètes, que vous seriez certainement resté sans réponse. On vous a déjà fait savoir ce que signifie le propos prêté au cardinal Nina, dans un entretien particulier, cinq mois après le prononcé de la sentence.

Vous n'avez pas de preuves matérielles, dites-vous, monsieur le Vicaire général, et vous avez eu la prétention de faire condamner M. le chanoine Th. sur vos simples soupçons, sur vos suppositions gratuites, sur votre idée préconçue de sa culpabilité, sur votre prétendue conviction, mille fois répétée dès les premiers jours, à Metz, à Rome, dans tout le Diocèse, *ne reposant sur aucune base matérielle*, c'est vous encore qui le dites, et au fond, ne reposant sur aucun indice de valeur, ainsi que M. le Chanoine l'a abondamment prouvé dans sa première brochure ?

Aussi, en annulant le jugement du Tribunal ecclésiastique de Metz, la S. Congrégation n'a fait que suivre les principes universellement adoptés dans tous les pays civilisés, où, à l'encontre de vos affirmations, les Tribunaux laïques ne prononcent jamais la condamnation sur de simples présomptions. Et à Paris, à Vienne, à Berlin, vous auriez tout aussi certainement succombé devant les Tribunaux civils que devant la Cour de Rome, dans la lutte que vous avez si légèrement engagée contre M. le chanoine Th. ; et cela, par la raison que, devant les Tribunaux laïques, il ne suffit pas, comme devant votre jeune Tribunal ecclésiastique de Metz, de déverser la calomnie et l'outrage sur un accusé, pour obtenir contre lui la flétrissure d'une condamnation juridique; par la raison que ces mêmes Tribunaux laïques sont beaucoup plus soucieux de l'honneur et de la réputation des particuliers et des familles, dans les conditions les plus humbles, que vous ne l'êtes, vous, vicaire général, de l'honneur sacerdotal, de l'innocence et de la considération d'un prêtre, qu'abusant de votre position, vous continuez même à persécuter sans pudeur, malgré son innocence itérativement reconnue de la manière la plus solennelle, malgré sa vie constamment pure et sans tache, malgré ses longs services rendus au Diocèse, commencés à une époque où vous n'étiez pas encore en ce monde, monsieur le Vicaire général, et dont on le récompense aujourd'hui d'une façon si singulière.

A défaut de mieux et encore bien que par un prétendu sentiment de dignité, comme vous ne cessez de le répéter, vous ne vouliez pas entrer dans l'examen de la brochure du chanoine Th., vous lui reprochez cependant d'y avoir dénaturé le texte même de la décision de la S. Congrégation, en ne le donnant pas intégralement.

La vérité est, monsieur le Vicaire général, que M. le Chanoine n'a cessé de déclarer à ses défenseurs qu'il ne voulait absolument ni dommages-intérêts ni indemnités pour ses déboursés, se bornant à demander l'annulation pure et simple de la sentence inique portée contre lui. C'était par conséquent à son insu et malgré lui que ces conclusions ont été prises, comme il l'a affirmé de nouveau à son arrivée à Rome peu de jours avant la décision intervenue. Du reste le même jour ses défenseurs avaient appris à la Chancellerie qu'ils s'étaient trompés en requérant la condamnation aux dépens, attendu que d'après les règles adoptées, les évêchés ne sont jamais condamnés aux dépens et ne le sont aux dommages-intérêts que dans le cas mentionné plus haut.

La suppression relevée par vous comme une affaire d'état était donc toute naturelle au cas particulier et n'a nullement le caractère odieux que vous voulez lui donner. M. le Chanoine a supprimé ce qu'à tort ses défenseurs avaient inséré. Il semble, monsieur le Vicaire général, que vous avez parfois des scrupules, mais des scrupules bien mal placés. Il y a une conclusion qui a été adoptée par la S. Congrégation, le verdict d'acquittement rendu en faveur de M. le Chanoine, et celle-là, vous vous obstinez à ne pas la reconnaître, à n'en tenir aucun compte, à la fausser et à la dénaturer, et vous ne rougissez pas de reprocher à M. le Chanoine « *de dénaturer le texte même de la S. Congrégation.* »

Vous faites encore un crime à M. le Chanoine d'avoir publié sa brochure, alors, dites-vous, que Mgr l'Évêque était, depuis deux mois, placé entre la vie et la mort et vous signalez l'odieux du procédé à l'indignation du lecteur.

Ce reproche, monsieur le Vicaire général, n'est pas plus fondé que tous les autres ; car la brochure de la scandaleuse affaire était prête, peu après Pâques et a été retenue jusqu'à la fin du mois de juin, précisément à cause de la maladie grave du Prélat. Elle l'aurait été plus longtemps encore, sans le mieux notable survenu plus tard, avec l'espoir de pouvoir durer indéfiniment; et si on avait itérativement prévenu M. le Chanoine, qu'en remettant sa publication jusqu'après le décès du vénérable défunt, vous ne manqueriez pas de trouver à redire, comme vous le faites aujourd'hui, en essayant de contester l'authenticité des paroles du cardinal Nina, parce qu'il n'est plus de ce monde. Du reste, n'est-ce pas plutôt vous qui avez manqué aux convenances, en faisant paraître votre prétendue réponse, dans les derniers jours de l'existence de Mgr l'Évêque. Vous n'êtes pas habile, monsieur le Vicaire général. Quand vous reprochez un délit à quelqu'un, vous l'avez déjà commis et on peut vous réfuter par vous-même.

Vous avez sans doute pensé que M. le Chanoine y regarderait à deux fois avant de risquer une réponse à votre factum paraissant avec l'entête « *Évêché de Metz* », sous la signature collective « *Le Vicariat général* » et débutant par l'observation vraiment naïve, d'avoir publié sa brochure sans aucune autorisation épiscopale.

Sachez-donc, monsieur l'Abbé, que le Vicariat général, comme tel, n'a absolument rien à voir ici ; attendu que la légitime défense, terrain sur lequel M. le Chanoine s'est invariablement maintenu, appartient de droit naturel à tout homme outragé dans son honneur et sa dignité, surtout si, comme dans l'espèce, l'agresseur, au lieu de s'incliner avec respect devant les décisions de Rome, abuse de sa position pour continuer, pendant des années, à déverser l'outrage et la calomnie sur son adversaire.

La question existe donc entre un calomnié et un calomniateur, entre un innocent et un coupable, entre monsieur l'abbé Th. se tenant constamnent sur la défensive et vous, monsieur l'abbé W. qui, pour échapper à l'odieux d'une diffamation calomnieuse, continuez depuis cinq ans à vous acharner contre un prêtre innocent, malgré les sentences rendues en sa faveur, et à le traîner successivement devant les Tribunaux civils et ecclésiastiques, comme devant le tribunal de l'opinion publique.

N'est-ce pas vous, en effet et vous seul, monsieur le

Vicaire général, qui, après en avoir mûrement délibéré avec vos conseillers, les infaillibles perspicacités de la Maîtrise et du grand Séminaire, avez, dès la première heure, décrété la culpabilité de de M. l'abbé Th., sans même l'avoir entendu et répandu aussitôt dans le diocèse, qu'il était le coupable et que vous aviez les mains pleines de preuves?

N'est-ce pas encore vous, et vous seul, monsieur le Vicaire général, qui, après cinq mois d'horrible scandale et forcé par l'indignation publique, ou de produire des preuves, ou de vous taire, avez pris le parti de déposer une plainte en diffamation au Parquet du Tribunal de Metz?

Après une enquête des plus minutieuses dans laquelle vous êtes resté embourbé pendant plus de dix-huit mois, n'est-ce pas encore vous, monsieur le Vicaire général, et vous seul qui, informé de suite de la décision intervenue en faveur de M. Th., avez déclaré d'abord que ces bons juges laïques n'y entendaient rien? N'est-ce point vous qui avez improvisé, à la hâte, un Tribunal de circonstance, entièrement à votre dévotion, et traduit M. l'abbé Th. devant ce nouvel aréopage, dont il a relevé dans sa brochure, les nombreux actes arbitraires, comme aussi les nombreuses intrigues et accusations mensongères à l'effet de tromper plus tard la Cour de Rome elle-même, sans oublier la scandaleuse résistance à toute une série de rescrits du Saint-Siège, car rien de tout cela ne peut être imputé à Mgr l'Évêque, lui-même, qui, à cause de son âge et de ses infirmités, ne voyait et n'entendait plus depuis beaucoup trop longtemps que par vos yeux et vos oreilles ?

N'est-ce pas encore vous, monsieur le Vicaire général, qui, peu après la décision solennelle et définitive de la S. Congrégation du Concile et, évidemment pour mieux faire ressortir que ces *bons Cardinaux* ne s'y entendaient pas mieux que précédemment les *bons Juges laïques* de la Chambre correctionnelle de Metz, avez, sur un futile prétexte, fait publier, en novembre 1884, la fameuse brochure bleue, dans laquelle vous n'aviez d'autre but que de remettre en discussion, de la manière la plus choquante, la cause jugée en dernier ressort par la Cour de Rome, interjetant par le fait appel devant l'opinion publique de cette décision souveraine, que vos amis déclaraient alors n'avoir aucune valeur puisque, disaient-ils, on obtient tout à Rome avec de l'argent ?

Et vous croyez, monsieur le Vicaire général, que, dans une pareille situation, M. le chanoine Th. ait besoin de votre autorisation pour vous suivre et se défendre devant ce nouveau Tribunal, encore entièrement de votre choix comme les précédents ? Mais votre brochure n'est-elle donc pas à la fois de votre part un appel au public et pour M. le Chanoine un mandat de comparution auquel il ne peut évidemment répondre, au cas particulier, que par une brochure réfutant la vôtre ?

M. le chanoine Th., *qui semper rem tacens considerabat*, vous a constamment suivi depuis cinq ans, profondément attristé, dans la voie douloureuse où vous l'avez successivement traîné d'un Tribunal à l'autre. Il vous suit de même aujourd'hui, avec l'énergie et la confiance inébranlable du premier jour devant le tribunal de l'opinion publique qui du reste, il le sait de bonne source, s'est déjà partout prononcé en sa faveur, et vous pouvez être certain, monsieur le Vicaire général, qu'il ne quittera pas plus ce terrain que les précédents tant que vous et votre entourage, vous n'aurez pas été entièrement réduits au silence, tant que vous n'aurez pas mis un terme aux affronts que, par vos ordres, on ne cesse de lui prodiguer, au grand scandale des prêtres et des fidèles et dont vous avez encore fourni un triste échantillon au service solennel de Mgr l'Evêque, devant la tombe même du vénérable défunt, prouvant par le fait que réellement vous ne désarmez pas, depuis vos cruels échecs en cour de Rome ; en un mot tant que M. le Chanoine n'aura pas été entièrement réhabilité au chapitre, au chœur et partout, dans les droits, honneurs et égards qui lui sont dus dans sa situation actuelle, il vous ripostera toujours par de nouvelles brochures, sachant combien le public indigné est désireux de vous voir imposer silence dans cette déplorable affaire. L'opinion publique à laquelle vous avez cru devoir recourir comme à une dernière planche de salut ne manquera pas de se prononcer dans le même sens que les Tribunaux civils et ecclésiastiques et son verdict sera certainement pour M. le Chanoine la réhabilitation pleine et entière à laquelle il a un droit rigoureux et pour vous, monsieur le Vicaire général, la condamnation qui doit atteindre tôt ou tard tout calomniateur acharné, pendant des années, contre un innocent.

Malgré tous les moyens auxquels il ne vous répugne pas de recourir, votre scandaleuse affaire des anonymes est pour vous, monsieur le Vicaire général, un début déplorable très sévèrement jugé dans tout le diocèse et qui promet au Clergé un avenir fort peu rassurant, si toutefois vous devez avoir, vous et vos amis, de l'avenir dans votre situation actuelle ; elle est en outre une triste page dans les annales de l'Eglise de Metz de tout temps si distinguée par la régularité et la dignité du corps sacerdotal tristement déshonoré aujourd'hui dans un de ses membres que vous ne cessez d'outrager avec autant d'injustice que de légèreté.

Qu'est-ce qui vous donne le droit de traiter ainsi les prêtres ? Relisez, monsieur l'Abbé, vos lettres de vicaire général et vous verrez quels sont vos droits et vos devoirs vis-à-vis des confrères.

Le 26 février 1882, aussitôt après avoir été informé de l'odieuse accusation que vous portiez alors contre lui déjà depuis plus de cinq mois, M. le chanoine Th., vous faisant l'honneur de vous supposer assez juste pour ne pas vous prononcer sans l'avoir entendu, se présenta chez vous afin de protester et vous convaincre de sa parfaite innocence. Au lieu de l'écouter, comme c'était certainement votre devoir, vous l'avez accueilli avec le ton et l'attitude du plus insultant persifflage et mis outrageusement à la porte, en lui jetant entre autres ces paroles : « Ah, un prêtre qui est capable de monter à l'autel tous les jours et de commettre de pareilles infamies (d'écrire des anonymes) est aussi capable de prêter de faux serments. J'ai les mains remplies de preuves. D'ailleurs ces Messieurs du Grand Séminaire et aussi M. le curé de L. ont parfaitement reconnu votre écriture. » Aujourd'hui, monsieur le Vicaire général, en présence de votre factum du 30 juillet 1886, dans lequel vous persistez à soutenir, avec une rare outrecuidance, la culpabilité d'un prêtre innocent et reconnu tel par trois décisions successives, rendues en sa faveur contre vous, d'abord à Metz le 17 mars 1883 devant la Chambre correctionnelle et ensuite à Rome les 8 et 12 juillet 1884 devant la Chambre des Consulteurs et devant la S. Congrégation du Concile, M. le Chanoine réitère ici ses plus solennelles protestations, que dès les premières heures vous avez toujours qualifiées de parjures, et il atteste de nouveau sur l'honneur, devant Dieu et devant les hommes, qu'à aucune époque de sa vie il n'a ni écrit, ni fait écrire, ni conseillé d'écrire un seul anonyme contre personne au monde, ayant toujours souverainement méprisé ceux qui s'adonnent à une besogne aussi ignoble.

Il vous réitère en même temps, monsieur le Vicaire général, la proposition faite dans l'avant-propos de sa première brochure, de soumettre à nouveau, nonobstant les trois verdicts précédents en sa faveur, votre scandaleuse affaire devant dix tribunaux laïques successifs avec l'engagement par lui pris d'avance de passer condamnation si un seul d'entre eux le déclare coupable ; sous la seule condition que ces nouveaux juges soient des magistrats capables, intègres et indépendants.

Vous avez laissé tomber cette proposition qui vous faisait cependant la partie assez belle devant ces tribunaux civils, disposant selon vous des pouvoirs les plus étendus, non seulement pour se procurer des preuves, mais encore pour, à défaut de preuves matérielles ou certaines, prononcer les peines même les plus rigoureuses sur de simples présomptions.

Vous reculez devant l'épreuve que M. le Chanoine ne redoute nullement, encore bien qu'il vous mette généreusement tous les atouts en main parce qu'il sait d'avance que loin de déclarer à l'unanimité leur conviction inébranlable de sa culpabilité, les nouveaux juges seraient au contraire unanimes à vous rire au nez devant vos prétendus graves indices et si fortes présomptions qui ont dicté la décision des juges ecclésiastiques de Metz.

Vous avez jugé plus prudent de publier le factum du 30 juillet 1886 dans lequel vous établissant toujours juge et partie dans votre propre cause, vous épiloguez de la façon que l'on sait sur un propos sans valeur aucune, prêté au cardinal Nina dans un tête-à-tête, cinq mois après la décision solennelle et définitive de la S. Congrégation.

Au lecteur de juger.

Nancy. — Imprimerie Paul Sordoillet.

www.ingramcontent.com/pod-product-compliance
Ingram Content Group UK Ltd.
Pitfield, Milton Keynes, MK11 3LW, UK
UKHW020531180726
13839UKWH00005B/2434